DERNIÈRE DÉFENSE

Des Pères et Mères, Aïeuls et Aïeules d'Émigrés,

Par A. MORELLET.

Bonum certamen certavi, cursum consommavi in reliquo, reposita est mihi corona justitiæ.

PAUL. AD THIMOTH, 2ᵉ.

« J'ai combattu pour une bonne cause ; j'ai fourni la
» carrière jusqu'au bout ; un prix m'est réservé ; la gloire
» d'avoir défendu les intérêts de la justice. »

A PARIS,

DE L'IMPRIMERIE DE DU PONT,

Et se trouve

Chez la citoyenne LAMOTTE, Librairie de
DU PONT, rue de la Loi, Nᵒ. 1232.

DERNIÈRE DÉFENSE

Des pères et mères, ayeuls et ayeules d'émigrés.

———

LE sort des pères et mères, ayeuls et ayeules d'émigrés qui dans le cours de notre révolution ont été l'objet de loix si multipliées et si sévères, va donc enfin être decidé.

Tout le monde sait ce qu'ils ont, jusqu'à présent, souffert dans leurs personnes et dans leurs biens.

Consignés dès 1792, dans leurs municipalités respectives, contre le droit reconnu de tous les citoyens de transporter leur domicile aux lieux où ils veulent, et soumis à une inspection journalière aussi humiliante qu'oppressive.

Obligés de payer sous diverses formes des taxes arbitraires, exigées d'eux seuls, contre les principes de proportion et d'égalité, qui

doivent regler l'impôt dans toute société po-
licée.

En butte plus que tous les autres citoyens
aux vexations de ces proconsuls révolution-
naires, qui ont parcouru la France en laissant
sur tout leur passage des ruines et des traces
de sang.

Privés de la faculté de disposer de leurs biens
et d'exploiter leurs propriétés à leur gré,
droits communs de tous les citoyens et appen-
dices nécessaires de la propriété.

Jettés la plupart en vertu de l'horrible loi
du 17 septembre 1793, dans des cachots,
traînés de prisons en prisons, accablés de
traitemens non moins indignes que cruels,
ayant vu et leurs pareils et leurs proches périr
sur les échaffauts, et n'ayant dû leur vie qu'à
la révolution inattendu, du 9 thermidore qui
ne s'est pas faite pour eux.

Dépossedés aussi, par des sequestres des-
tructeurs, de toute jouissance de leurs biens
qu'ils ont vû déperir sous leurs yeux, réduits
à être à charge à leurs amis ruinés comme
eux, ou à implorer du nouveau gouvernement de misérables pensions alimentaires sans
proportion avec leur ancienne fortune, et

notoirement insuffisantes à leurs plus pressans besoins.

Enfin, dépouillés par le décret du 9 floréal, de l'an troisième, de la propriété de toute la portion de leur biens qui pouvoit revenir aux enfans émigrés après la mort des pères, la plupart à la suite de cette spoliation ruinés, chassés de leur domicile et condamnés à finir leurs jours dans la misère, pour une faute de leurs enfans qu'ils n'ont pù ni prévenir ni empêcher.

Tel est le tableau fidèle de ce qu'ont éprouvé et souffert et de ce qu'ont à souffrir encore les pères et mères, ayeuls et ayeules d'émigrés, non coupables de l'émigration de leurs enfans, non coupables du délit de correspondance contrerévolutionnaire avec les émigrés, non coupables de complots contre la République, et coupables seulement d'avoir donné le jour à des enfans qui, indépendans et maîtres de leurs actions ont fui une terre qui long-tems a devoré ses habitans, les uns sans vues hostiles et pour se dérober à des dangers présens. d'autres avec le projet de rentrer les armes à la main, mais qui pour ce parti désesperé n'ont pris conseil que d'eux mêmes.

La dernière de ces loix, celle du 9 floréal, qui est le complément des précédentes, étoit suspendue par un décret du 11 messidor, sollicité et obtenu par l'opinion publique et par l'éloquence de quelques représentans ; mais vers la fin du mois frimaire, Chazal promoteur de la loi du 9 floréal, étant revenu à la charge contre les malheureux parens d'émigrés ; une commission a été nommée et un nouveau rapport a été fait par le représentant Pons, de Verdun, dont le resultat est l'exécution entière du décret obtenu par Chazal.

Le nouveau rapport il faut le dire, ne jette aucune lumière nouvelle sur la question, n'ajoute aucun argument à ceux qu'on a refutés déjà, et ne répond à aucun de ceux qu'on a opposés à cette cruelle loi dans la cause des pères et dans divers écrits publiés depuis, et dans les discussions faites à l'assemblée nationale.

Le défenseur officieux des pères et mères pourroit donc se dispenser de discuter le rapport de Pons comme il a fait celui de Chazal, mais à la veille d'une décision qui peut faire le malheur de tant de familles, il ne veut pas avoir à se reprocher d'avoir négligé aucune occasion d'invoquer encore pour eux la vérité et la justice, au hazard de fatiguer quelques uns de leurs juges de réclamations qu'ils ont déjà entendues sans en être touchés, mais que d'autres plus accessibles à la vérité pourront accueillir avec l'indulgence et la bienveillance que demande la simple humanité. On va donc rassembler ici quelques observations sur le petit nombre de traits du rapport de Pons, de Verdun, auxquels on a pû se déterminer à répondre.

I. Dans le cours de cette discussion qui dure depuis près d'une année, le grand moyen employé en faveur des pères et mères, ayeuls et ayeules d'émigrés a toujours été tiré de ce principe de justice naturelle, que non coupables de l'émigration de leurs enfans ni d'aucun délit contrerévolutionnaire, ils ne pouvoient être punis pour le délit d'autrui.

C'est sans doute la force de cette raison qui a déterminé la législature sous le régne même de Robespierre, dans la loi du 17 frimaire de l'an deuxième, établissant le sequestre des biens des pères et mères d'émigrés, tant mineurs que majeurs d'excepter les biens des pères et mères *qui prouveroient qu'ils avoient agi activement et de tout leur pouvoir pour empêcher l'émigration de leurs enfans majeurs.*

On a observé avec raison que cette exception étoit illusoire, les pères et mères ne pouvant pour la plupart fournir de pareilles preuves après être restés long-tems sans communication avec leurs enfans émigrés, communication interdite sous peine de mort. On a dit aussi qu'il étoit injuste d'exiger d'eux de prouver qu'ils ne sont pas coupables, contre ces maximes de tous les codes, que c'est à l'accusateur à faire la preuve et que tout homme est présumé innocent jusqu'à ce qu'il ait été déclaré coupable.

Mais cette exception telle quelle est portée dans la loi du 17 frimaire n'a pas subsisté long-tems; Chazal toujours prétendant que son décret adoucissoit les rigueurs exercées contre les émigrés, l'a fait révoquer dans la loi du 9 floréal.

Le nouvea rapporteur semble d'abord regretter que l'exception favorable n'ait pas été maintenue, il va jusqu'à dire que la distinction des parens d'émigrés qei n'ont pas favorisé l'émigration *est juste*; mais ne se croyant pas sans doute lié par cet aveu, il nous console tout de suite après de l'oubli de cette même distinction dans la loi du 9 floréal, en nous disant « qu'elle ne « pouvoit porter que sur très-peu d'indivi- » dus, et que le nombre en est si rare, qu'à » peine en peut-on citer trois sur mille, et » que lors de la loi du 9 floréal, ce nombre » fut si petit qu'on ne jugea pas à propos d'y » avoir égard, pour ne pas ouvrir la porte à » une multitude de réclamations, sources » d'exceptions mal fondées. » Nous allons faire voir que cette décision de Pons est aussi déraisonnable qu'injuste.

J'observe d'abord que le rapporteur seroit bien embarassé sans doute de nous dire d'après quelles données il a déterminé cette proportion de trois sur mille ou en d'autres termes comment sur chaque millier de pères et mères, ayeuls et ayeules d'émigrés, il s'est assuré qu'il y en a 997 qui ont *favorisé l'émigration de leurs enfans, entretenu avec eux des correspondances liberticides et soufflé autour d'eux le feu de la discorde et de la guerre civile.*

On ne peut pas croire que ces 997 conspirateurs par chaque mille aient fait leurs confidences à Pons, de Verdun, ou à quelqu'un de ses ayant-cause. Il faut donc qu'il se soit assuré de quelqu'autre manière de leurs sinistres complots, et s'il en a la preuve que ne la donne t'il, mais s'il avance gratuitement un fait si grave qui peut entraîner la ruine et la perte de vingt mille familles, et peut-être de cent milliers d'individus; de quel nom appeller l'assurance avec laquelle il prononce ainsi au hazard tant de sentences de mort?

Quand Pons dit qu'au 9 floréal le nombre des pères et mères qui pouvoient réclamer l'exception portée dans la loi du 17 frimaire ê t si petit, qu'on ne jugea pas à propos d'y avoir égard, il donne à entendre que quelque recherche a eu lieu pour reconnoître quel pouvoit être ce nombre de réclamans, puisqu'autrement on a commis une injustice manifeste, une acte de despotisme intolérable en révoquant une clause dont Pons lui-même vient de nous dire qu'elle étoit juste, et qu'on ne l'a supprimée que parce que ce nombre étoit très-petit; mais où, quand, comment, par quels agens cette recherche a-t-elle été faite, où en est consigné le résultat, n'est-il pas notoire au contraire, qu'aucun examen de ce genre n'a été fait, et que ceux qui ont pû penser et dire au 9 floréal, ce que repète ici Pons, de Verdun, ont été coupables alors, comme lui-même aujourd'hui, d'une assertion calomnieuse aux yeux de la loi, par cela même qu'elle est destituée de toute preuve.

Pour achever de mettre dans son jour la témérité, la cruelle legéreté du rapporteur, je le sommerai au nom des parens, pères et mères, ayeuls et ayeules d'émigrés, de dénoncer devant les tribunaux ceux d'entr'eux dont il s'est assuré qu'ils ont *favorisé l'émigration, armé les émigrés, entretenu des correspondances liberticides.* S'il en est 997 de tels sur mille, il lui est facile de céder à cette demande, il ne sera embarrassé que du nombre et du choix. Mais que dis-je 997, qu'il en produise seulement cinquante, seulement vingt, seulement dix; ce ne seroit pas assez sans doute pour justifier une rigueur générale qui frapperoit 950 innocens pour atteindre même cinquante coupables; mais ce nombre même ou un moindre, je suis intimément persuadé qu'il seroit impossible à Pons, de Verdun, de le fournir; et quand on pense qu'une allégation dont il est si loin de prouver la vérité est le motif qu'il apporte au corps législatif pour prononcer une loi cruelle, on ne peut qu'déplorer le sort des nations si ceux qui les gouvernent peuvent se laisser conduire par de telles routes.

II. Ma seconde observation portera sur ce que dit Ponse, de Verdun, de la loi du 9 floréal, en s'efforçant de la défendre contre l'improbation prononcée par l'opinion publique et que lui-même ne dissimule pas.

« La loi du 9 floréal dit-il quoique sevère
» étoit juste, on fut obligé d'en convenir,
» mais elle perdit peu-à-peu cette dernière
» qualité à mesure que l'opinion publique se
» dépravoit, elle acquit aux yeux de certaines
» gens un caractère de dureté qui se changea
» bien-tôt en cruauté, en injustice à fur et
» mesure qu'on approchoit de la fameuse épo-
» que du 13 vendemiaire. Alors parut une
» foule d'écrits plus ou moins pathétiques, plus
» ou moins raisonnés dans lesquels on se
» récrioit contre ce qui n'étoit qu'un acte de
» justice. »

1.° J'observerai que quand l'auteur du rapport dit qu'on fut obligé de convenir que la loi du 9 floréal étoit juste, il ne peut entendre autre chose par cet *on* que les auteurs même de la loi et ceux qui peuvent l'avoir approuvée par ignorance ou par foiblesse, mais on peut voir par l'aveu même qu'il fait tout de suite après, que l'autorité de ces approbateurs ne peut-être d'aucun poids, puisqu'il convient qu'elle a été bien-tôt jugée tout différemment et regardée comme injuste par l'opinion publique.

Il prétend à la vérité que cette opinion s'étoit dépravée. Mais c'est un étrange droit que se donnent les hommes de parti d'appeller dépravée l'opinion publique toutes les fois qu'elle contrarie leurs idées et blâme leurs mesures. Si comme il arrive quelquefois ils obtiennent son approbation, ils s'en targuent avec orgueil; si elle les désavoue, ils la dédaignent avec hauteur, mais ce n'est pas à eux à juger l'opinion publique puisque c'est au contraire elle qui les juge.

Ce n'est pas que l'opinion publique ne s'égare aussi quelquefois, mais il n'est pas difficile de démêler les cas où elle peut et doit conserver son autorité sur les esprits.

En général si l'opinion publique est formée subitement et sans préparation, si une multitude est agitée par quelque grand événement ou quelque grand intérêt, ou entraînée par quelque personnage populaire, actif, ardent et à grand caractere, alors elle s'égare facilement, elle peut se porter vers des mesures violentes et des partis extrêmes et donner sa sanction aux plus grandes injustices.

Mais l'opinion publique n'est pas sujette à s'égarer, si le temps et les circonstances lui permettent la maturité dans la discussion et la lenteur dans l'examen, et si les causes d'égarement que je viens d'indiquer ne sont pas en action.

Or ici, quelles seroient donc les causes de cette espèce, qui détourneroient l'opinion de la route de la justice et de la vérité. Cette question n'est-elle pas la plus simple du monde, n'est-elle pas de nature à être discutée paisiblement par les hommes éclairés de toutes les classes, spectateurs des opérations du gouvernement? les raisons qu'on peut alléguer pour et contre ne peuvent-elles pas être facilement rassemblées, ne l'ont-elles pas été, le procès n'a-t-il pas été complettement instruit? c'est ce qu'on ne peut contester, et dès lors l'opinion publique formée d'après une mûre et lente discussion, ne peut être taxée de dépravation, que par des hommes intéressés eux-mêmes à la dépraver ou à faire croire à sa prétendue dépravation.

Mais le rapporteur ne nous laisse pas ignorer les causes auxquelles il attribue la prétendue corruption de l'opinion publique, car en disant qu'elle s'est dépravée à mesure qu'on approchoit du 13 vendémiaire ; il donne clairement à entendre que cette corruption a été l'ouvrage des chefs des mouvemens du 13 vendémiaire, que les intérêts et les vues qui ont amené les événemens de cette époque ont été communs entre les principaux acteurs et les pères et mères, ayeuls et ayeules d'émigrés, puisque selon son explication, sans les projets qui ont amené cette journée, on auroit continué de regarder la loi du 9 floréal comme fort juste. Enfin il ne tient pas à lui qu'on ne pense que les écrits qu'il appelle plus ou moins raisonnés, plus ou moins pathétiques, en attachant à ces deux épithètes un sens défavorable dont ils ne sont pas susceptibles pour un esprit droit et pour un homme juste, ou simplement pour un homme qui sait parler français) ont été dictés par les mêmes principes et les mêmes sentimens qui ont agité les sections de Paris.

Toute cette explication est fausse et même jusqu'au ridicule.

Les mouvemens du 13 vendémiaire ont été manifestement dirigés contre la conservation des deux tiers de la convention dans la législature nouvelle. Les dispositions des esprits avant la convocation des assemblées primaires, les opérations de ces assemblées dans Paris et dans quelques départemens voisins, la mesure prise par quelques sections de hater la convocation des assemblées électorales, etc. tout cela, dis-je, n'avoit pas d'autre objet, voilà ce que pensent et ce qu'on vû tous les gens sensés.

Mais quel rapport y a-t-il, et pouvoit-il y avoir entre l'intérêt des pères et mères, ayeuls et ayeules d'émigrés, et le projet des sections de Paris et de quelques départemens? lorsqu'il a été pour la première fois question des élections à la nouvelle législature, il y avoit déjà sept à huit mois que s'agitoit la cause des parens des émigrés, et des années qu'on se plaignoit des séquestres. On invoquoit dès lors les mêmes principes, on apportoit les mêmes argumens qu'on avoit déjà rassemblés dans les écrits plus ou *moins pathé-*

tiques,

tiques plus où moins raisonnés, dont Pons, de Verdun, daigne faire mention.

Il est à remarquer, en effet, que le rapporteur ayant besoin de persuader que l'opinion publique s'est corrompue antérieurement au 13 vendémiaire par l'influence des principes qui ont amené les mouvemens du 13, rapproche très-faussement l'époque de la publication de ces écrits qui est antérieure de près d'une année au moment ou la question de la forme des élections à la nouvelle législature a commencé à s'agiter; or l'opinion publique étoit dès-lors formée, et ce qui détruit toute l'explication du rapporteur, elle étoit dès-lors la même qu'elle a été depuis.

Les pères et mères d'émigrés n'avoient-ils pas le même intérêt à éloigner d'eux la spoliation dont ils étoient menacés, que la convention fut renouvelée ou non, qu'il y eut un 13 vendémiaire ou qu'il n'y en eut pas.

Ceux-là même qui ont pu préparer les mouvemens de cette journée, n'ont pu avoir dans cette pensée aucune raison de changer d'opinion, sur la question des parens des émigrés aux approches de ce jour. Si l'on dit qu'ils se sont montrés favorables aux pères et mères d'émigrés, je répondrai qu'ils l'étoient de même auparavant; les motifs qui peuvent déterminer l'opinion en cette matière ne pouvant

B

changer ni s'affoiblir par l'approche d'un évènement avec lequel ils n'ont vraiment aucune relation.

C'est au contraire un fait notoire et incontestable, que l'opinion publique, sur la loi du 9 floréal, n'a point varié ; que cette loi a été regardée comme cruelle et injuste, du moment où elle a été proposée, c'est ce que montrent le grand nombre d'écrits où elle a été attaquée, et les discours à la tribune de l'assemblée et beaucoup d'ouvrages périodiques, etc. Il est donc faux qu'elle ait été dépravée aux approches du 13 vendémiaire, ni que cette dépravation ait tenu en rien aux causes qui ont amené les évènemens de cette journée.

Il y a certainement de l'extravagance à imaginer que les pères et mères, ayeuls et ayeules d'émigrés, soient entrés pour rien dans les mouvemens du 13 vendémiaire. Si l'on veut être de bonne foi on conviendra que c'étoit là des conspirateurs peu à craindre, mais si redoutables qu'on voudra, encore faudroit-il prouver l'accusation qu'on leur intente. Il faudroit nommer au moins les principaux.

Si l'on veut obtenir quelque croyance, il ne suffit pas de dire généralement les pères et mères d'émigrés ont conspiré le 13 vendemiaire, il faut dire : tels et tels pères et aveuls et parens d'émigrés habitans telle et telle section de Paris, ont fait tel et tel jour, tel et tel acte de révolte. C'est seulement lorsqu'on sera en état de rédiger une centaine d'acte d'accusation de cette espèce qu'il sera loisible de dire (quoiqu'encore avec beaucoup d'inexactitude) : les pères et parens d'émigrés ont conspiré le 13 vendémiaire, ils ne méritent donc aucune pitié ; ramenons donc à exécution la loi du 9 floréal.

Ce n'est qu'armé de ce nouveau moyen que Pons de Verdun auroit pu argumenter du 13 vendémiaire en faveur du décret du 9 floréal, mais qu'en remplissant les augustes fonctions de législateur, il affirme non-seulement sans preuve, mais contre toute vraisemblance, que les pères et mères, ayeuls et ayeules d'émigrés, ont trempé dans une conspiration, pour en conclure qu'il faut leur faire perdre leur cause ; c'est ce qui choque toutes les notions que les hommes ont de la justice, ainsi que tous les sentimens qui doivent les y attacher.

III. Je passe au dire suivant du rapporteur. « La commission, dit-il, a réduit à sa juste » valeur le principe que les fautes sont per- » sonnelles, qui lui a paru mal appliqué, et » qui n'est vrai que quant à la pénalité, mais » qui ne l'est pas sous le rapport de l'indem-

» nité à accorder par ceux qui sont parens
» de nos ennemis ».

Je n'hésite pas à le dire, parce que je vais
le prouver; tout ce paragraphe est d'une dé-
raison complette.

Je commence par demander comment on
peut réduire en quelque manière que ce soit
la valeur d'un principe aussi clair, aussi
précis, aussi illimité dans sa vérité que celui-
ci · *les fautes sont personnelles*, ou ses équi-
valens, *nul ne peut être puni pour le délit
d'autrui* ; *l'innocent ne peut l'être pour le
coupable.* Quelle modification, quelle restric-
tion peut-on apporter à l'axiome que le quarré
de l'hypothénuse est egal au quarré des
deux autres côtés, qui n'est pas plus absolu-
ment vrai en géométrie que l'est en morale
publique celui dont le représentans Pons prétend réduire la valeur.

2°. Examinons la réduction faite par la
commission *à la valeur du principe ; il est
vrai quant à la pénalité, mais il ne l'est
pas sous le rapport de l'indemnité*, etc.

La fausse subtilité de l'explication devient
bien sensible pour celui qui observera, qu'un
principe vrai pour la pénalité doit l'être aussi
sous le rapport de l'indemnité, si l'indemnité
elle-même est une pénalité, ou, pour parler
un langage intelligible, si elle est une peine.

Or, peut on dire, avec quelque bonne foi, que la perte qu'éprouvera un père de famille ou un ayeul ayant deux ou trois enfans tous émigrés, lorsqu'on lui confisquera actuellement les deux tiers ou les trois quarts de sa propriété, et qu'i sera forcé de quitter sa terre et sa maison, n'est pas une peine pour lui? N'est-ce pas se mocquer des hommes que de croire qu'en appelant une telle vexation du nom d'indemnité, on leur persuadera qu'elle n'est pas une pénalité?

3°. Quand Pons dit que les fautes ne sont pas personnelles *sous le rapport de l'indemnité pécuniaire à accorder par ceux qui sont pareus de nos ennemis*, il ne fait qu'affirmer, sans en donner aucune preuve, ce qu'on lui conteste, et supposer ce qui est en question.

Ce que cette proposition obscure, incorrecte contient d'intelligible, n'est autre chose que l'assertion gratuite qu'on peut exiger, pour le mal que nous font des ennemis, une indemnité de leurs parens qui ne nous ont pas fait le mal et qui ne sont pas nos ennemis, et c'est précisément ce qui est en question. C'est ce qu'on conteste en invoquant les maximes que les fautes sont personelles, que l'innocent ne peut souffrir pour le coupable, etc.

On voit au reste que le rapporteur pour cacher le vice de son raisonnement emploie une de ces expressions devenues parasites, dont la révolution a infecté notre langue, et qui, placées en quelques cas avec propriété, sont bien vite gâtées et dénaturées par les hommes qui ne savent pas écrire. Que signifie une phrase ainsi construite : *Les fautes ne sont pas personnelles sous le rapport*, etc. qui ne voit que les deux membres n'ont entr'eux aucune liaison, et c'est précisément à l'aide de ce défaut de liaison qu'on prétend dissimuler le plus grand vice dont un raisonnement soit susceptible, celui de supposer ce qui est en question.

4°. Laissons appeler indemnité cette spoliation si cruelle, encore faudra-t-il qu'elle soit légitimement due par celui de qui on l'exigera, or c'est un autre axiôme aussi certain que celui que Pons prétend réduire à sa juste valeur, que l'indemnité ne peut être exigée que de celui qui a fait le dommage : et les parens des émigrés, par la supposition même qu'ils ne sont pas en accusation, en arrestation, etc. ne peuvent pas être regardés comme ayant fait le dommage dont la république souffre de la part des émigrés, puisqu'ils sont supposés restés au sein de leur patrie cultivant leurs fonds, exerçant leur industrie, distribuant utilement leurs revenus par leurs dépenses, et que ce sont là autant d'actes utiles à leur pays loin que ce soit des actes dommageables; le rapporteur ne gagne donc rien à appeler *indemnité* le traitement dont il fait l'apologie au lieu de l'appeler *pénalité*.

5º. Les expressions même employées par le rapporteur décèlent la foiblesse de sa cause et l'injustice de son projet.

La foiblesse, car dire que des citoyens paisibles et innocens doivent être dépouillés d'une grande partie de leur propriété parce qu'ils sont *parens de nos ennemis*, c'est donner une raison si futile qu'elle en est ridicule et qu'il suffit de l'énoncer ainsi pour la faire apprécier.

On voit aussi l'injustice sentie par le rapporteur lui-même quand il appelle cette indemnité, qui en quelque cas emportera à un père de famille les trois quarts de sa propriété, une indemnité *à accorder* par lui, car l'expression propre étoit une indemnité *à prendre de force* à ceux qui sont parens de nos ennemis pour raison de cette seule parenté; et cette expression, Pons ne l'a sans doute rejetée que parce qu'il a eu lui-même quelque honte de l'employer. Il demeure, je crois, prouvé par la discussion qu'on vient de lire, que le nouveau rapport de Pons de Verdun

B 4

a laissé debout toutes les raisons fortes appo-
tées en faveur des parens des émigrés contre
la loi du 9 floréal, raisons fondées sur des
principes clairs, sacrés, incontestables, énon-
çant des vérités de morale naturelle et publique qui ne peuvent souffrir aucune exception.

On nous dit cependant de toutes parts que
le sort en est jeté, que la majorité dans les
deux conseils adoptera un projet de résolution distribué aux membres du conseil des
cinq cents qui lève la suspension portée par
le décret du 11 messidor, et remet en exécution la loi du 9 floréal, à quoi on ajoute que
*les besoins publics, les dangers de la patrie,
le salut du peuple*, etc. exigent cette mesure
toute sévère, toute cruelle, et ajoutent quel-
ques-uns, toute injuste qu'elle est.

Si cette annonce sinistre est suivie de l'événement, il sera donc possible que la raison
parlant hautement et clairement à l'esprit des
hommes publics, et le sentiment de la justice pressant leur cœur ils demeurent quelques fois sourds et insensibles à ces salutaires
impressions, en se couvrant du motif de ce
qu'ils appellent le salut du peuple. A cette
allégation éternellement répétée de salut public, de danger de la patrie, on a répondu
cent fois que ce prétexte avoit été de tout

temps à l usage de toutes les tyrannies mo-
narchiques, aristocratiques, populaires; que
le salut public ne pouvoit résulter de l'oppres-
sion des citoyens; que le plus grand danger
de la patrie étoit celui de voir violer tous les
droits et multiplier les mauvaises loix, etc.

Mais j'ajouterai ici qu'ils sont bien inconsé-
quens ces hommes qui après avoir détruit l'an-
cien gouvernement pour les abus dont il étoit
taché invoquent anjourd'hui les mêmes principes qui étoient les sources et l'excuse de ces
mêmes vices qu'ils ont prétendu réformer.

Ces vices en effet plus ou moins nombreux,
plus ou moins funestes, le gouvernement an-
cien ne s'y étoit pas laissé aller, et ne les sou-
tenoit pas dans la vue d'opprimer et de nuire.
Les hommes en général et ceux qui gouvernent, non plus que les autres, ne veulent pas
le mal pour le mal.

Ces anciens administrateurs n'étoient pas
venus des enfers comme les nouveaux ne sont
pas descendus du ciel. Ils étoient hommes et
n'étoient que cela. Ils alléguoient aussi le bien
public, le salut public, et pour le dire avec
franchise, en se laissant conduire ou séduire
par ce motif ils se sont trompés moins fré-
quemment, moins grossièrement, et moins
cruellement pour nous en beaucoup de points
que tant d'autres qui nous ont opprimé de tant

de manières, ayant sans cesse à la bouche le mot de salut public ; mais sans insister sur cette contradiction, s'il est vrai, comme on nous le fait craindre que le corps législatif ait pris son parti de rejeter les réclamations des pères et mères d'émigrés, s'il demeure sourd et insensible à leurs derniers cris, il restera prouvé par cet exemple qu'après que vous aurez démontré rigoureusement une vérité morale ou politique, l'homme public pourra vous dire encore cela est vrai, cela est juste, mais je ne céderai ni à la vérité, ni à la justice, et je n'en ferai rien.

Or je l'avoue, cette pensée devient en moi un sentiment douloureux jusqu'au déchirement, et j'espère faire partager cette impression à tous mes lecteurs. Il est affreux, désespérant, de voir des principes de la morale universelle et primitive d'une autorité à laquelle tout semble devoir céder, se briser contre l'autorité trompée, ou fermant les yeux à la vérité, ou séduite par l'intérêt prétendu du salut public, qui ne peut jamais être à violer les premiers droits de la justice.

En voyant ainsi la vérité, cette fille du ciel méconnue, outragée, mon imagination me retrace le beau tableau de Virgile, au deuxième livre de l'Enéide où il peint Cassandre, la fille de Priam, arrachée du sanctuaire de

Minerve, d'où elle avoit fait constamment entendre aux Troyens l'utile vérité, entraînée
par de farouches soldats, ses cheveux et ses
vêtemens en désordre, élevant ses yeux ar-
dens vers le ciel, auquel elle ne peut tendre
ses mains chargées d'indignes fers et Choroebus
son amant passionné, ne pouvant supporter
ce spectacle, et se jettant éperdu au milieu
des bataillons grecs, pour y trouver une
mort certaine.

Ecce trahebatur passis Priameia Virgo,
    Crinibus, é templo Cassandra adytisque
        Minervæ;
Ad cœlum tendens ardentia lumina
    frustra;
Lumina nam teneras arcebant vincula
    palmas.
Non tulit hanc speciem furiatâ mente
    Chorœbus,
Et se se medium injecit periturus in agmen.

Mais non, je ne désespère pas encore de
la cause que j'ai défendue. La vérité, la
justice, les droits des citoyens, la propriété
ont encore des amis courageux au sein des
deux sections du Corps législatif; plusieurs
se leveront, qui, rappelant les principes de
morale publique et sociale, invoqués en faveur des pères et mères, ayeuls et ayeules

des émigrés, et la simplicité, la clarté, la force des raisonnemens qui en découlent, et d'une autre part la futilité des prétextes, la foiblesse des argumens, l'immoralité des moyens, la cruauté des résultats peuvent encore détourner nos Législateurs d'une résolution contre laquelle l'opinion publique s'est déjà prononcée si fortement et depuis si longtemps, et qu'une décision contraire, toute légale qu'elle sera, ne peut après tout changer.

Je finirai par appeler ici au secours des infortunés cliens que je me suis moi même donnés, l'éloquence de ce grand homme qui sut si bien allier toute la puissance de l'art oratoire à la justesse des pensées et à la droiture et la beauté des sentimens.

Ce que j'en veux employer forme la peroraison de la harangue de Ciceron *pro Roscio amerino*, où l'orateur presse les juges de Roscius par des raisons tellement applicables à la cause que je défends, et tellement analogues aux circonstances présentes, que sans aucun souvenir de Ciceron, j'eusse pû les adresser à nos Législateurs, ayant à décider le sort des pères et mères, ayeuls et ayeules d'émigrés.

Quand je parle d'analogie et d'application aux circonstances présentes, je dois, pour me garantir de tout reproche, avertir que je n'entends par là ni une ressemblance de tous les traits, ni une ressemblance parfaite de ceux qui se rapprochent davantage, c'est aux hommes instruits dans l'histoire de cette époque ancienne, et dans les faits de l'époque moderne, à reconnoître en quoi elles diffèrent, et en quoi elles se ressemblent. C'est à eux qu'il appartient de juger de la justesse de ces rapprochemens qui peuvent avoir d'ailleurs leur utilité.

Je dirai en peu de mots la nature de la cause et la position du client. Le père de Roscius venoit de périr pendant les proscriptions de Sylla, sans qu'on fut assuré qu'il eut été placé dans la liste des proscrits. Chrysogonus affranchi du dictateur avoit acheté ses biens à vil prix, et pour s'en assurer la possession il avoit fait intenter au fils par un certain Erutius, une accusation de parricide, parce qu'en le faisant périr il se garantissoit également et des réclamations actuelles du fils et de celles qu'il pouvoit craindre de la part des enfans de Roscius encore en bas âge. Cicéron invoque la justice et l'humanité des juges par ces éloquentes paroles.

Magistrats, une espérance reste à mon client, la même qu'à la république, dans les sentimens d'humanité et de compassion que vous avez déjà montrés : nous sommes sauvés

si vous les conservés encore ; mais si les cruau-
tés qui ont ravagé notre patrie ont endurci vos
ames, c'en est fait de nous, mieux nous vaudroit
désormais vivre avec les animaux sauvages au
sein des forêts qu'en des lieux d'où toute humanité seroit ainsi bannie ; auriez-vous donc
été choisis par le peuple pour condamner ceux
que les acheteurs des biens des proscrits (1)
et leurs sicaires n'ont pû parvenir à égorger.
Avant de commencer le combat, un général
habile place des troupes de réserve aux lieux
par où il peut croire que les ennemis en fuite
chercheront leur salut, afin qu'échappés à
une première action, ils succombent à une
attaque imprévue. Sans doute ces hommes
avides vous croient ainsi postés pour attendre et
frapper ceux qui se sont sauvés de leurs mains.
Veuillent les dieux ne pas permettre que cette
assemblée que nos ancêtres ont honoré du nom
de conseil du peuple devienne la protectrice
[illegible] ces spoliateurs ; ne voyez-vous pas magis-
[illegible] que nos adversaires ne veulent autre
[illegible] si non que les enfans des proscrits
[illegible] par tous moyens ; et que dans la

---

(1) [illegible] mot de Cicéron est « Sectores » qu'Asconius et Gesner
défin[illegible] eivisy « Sector qui emit bona damnati aut proscripti
[illegible] (id est per partes) « vendenda, » celui qui achete
[illegible] condamnés ou des proscrits, pour les revendre par

condamnation de Rocius, ils veulent vous faire faire les premiers pas vers ce but. Si vous secondez leurs vues; si vous siégés dans ce tribunal pour attendre qu'on traine devant vous les enfans de ceux dont les biens ont été confisqués et vendus; au nom des dieux immortels, craignez de recommencer une proscription nouvelle et plus cruelle que celle que nous venons d'essuyer : celle-ci dirigée contre ceux qui ont pû prendre les armes, n'a pas reçu la sanction du sénat parce que cette sage assemblée n'a pas voulu consacrer par son autorité une mesure de sévérité inconnue à nos pères, et quant celle qu'on vous propose aujourd'hui et qui porteroit sur les enfans des proscrits et sur ceux-là mêmes qui sont encore au berceau, si dans le jugement que vous allez prononcer vous ne la rejettez pas avec indignation, j'en atteste les dieux immortels, vous perdez la république. Des hommes sages armés de l'autorité et du pouvoir, doivent s'occuper sur tout de guérir les maux dont la république souff e le plus. Aucun de vous n'ignore que le peuple romain anciennement distingué pour son humanité envers ses ennemis mêmes, est devenu de nos jours cruel envers ses propres concitoyens. Faites disparoître cette cruauté domestique de nos mœurs et de nos loix; car outre les maux qu'elle a causés en faisant périr cruellement tant de citoyens, elle en fait un bien plus grand encore en éteignant la compassion dans le cœur des hommes les plus humains par l'habitude du spectacle des souffrances : car envain tenons nous de la nature une ame sensible, si nous sommes témoins d'atrocités journaliéres, si nous en entendons le récit à toutes les heures, la continuité de cette impression pénible détruit à la fin dans nos ames tout sentiment d'humanité.

Ce 12 nivose an quatriéme.

A. MORELLET.

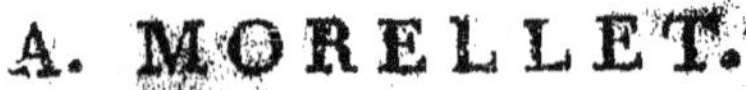